GRAFIMANÍA 2

hacia la cursiva

Sally Johnson
Sara Ines Gómez Carrillo

KEL

INTRODUCCIÓN

Este cuadernillo es la continuación de Grafimanía 1, donde se presentan los primeros movimientos gráficos del niño. En este segundo libro, el objetivo principal es la ejercitación y el reconocimiento de los distintos trazos continuos, previos a la escritura con letra cursiva.

Jugando y disfrutando puede ejercitarse el manejo del lápiz, la precisión y la direccionalidad de los movimientos.

Día a día, hoja por hoja, con la ayuda de un adulto que lo estimule y lo guíe, el niño puede obtener el mayor provecho de cada actividad propuesta.

Las distintas páginas están secuenciadas y organizadas desde los trazos más simples a los más complejos. Asimismo cada grafismo se inserta en un contexto diseñado con el fin de que resulte entretenido y sea significativo para los chicos.

Consideramos de gran importancia que al terminar cada hoja los chicos autoevalúen reflexivamente su trabajo: si pudieron completarlo con prolijidad, si se sienten satisfechos con lo logrado, si les gustó hacerlo, etc. Para motivarlos a realizar este último paso de las actividades, se incluye una plancha de autoadhesivos para pegar en cada página.

GRAFIMANÍA 2

ESTRUCTURA DEL CUADERNILLO:

Cada ejercicio está encabezado por un título cuyo propósito es motivar a los chicos en el tema, hacerles despertar la imaginación y que ello sirva de base para una conversación con el adulto y/o con sus pares.

A continuación la consigan propone la actividad: delinear, dibujar, colorear, observar, repetir verbalmente, imaginar, descubrir, comparar, etc. Las propuestas son variadas y tienen como objetivo complementar la ejercitación de los grafismos con otros aspectos madurativos.

Para cada tipo de grafismo hay una página específica con una estructura similar:
1. Realizar el recorrido con el dedo índice.
2. Trazar dicho recorrido con el lápiz.
3. Delinear y completar el renglón.

Cada grafismo a realizar está indicado con línea de puntos y cuando es necesario, el comienzo de ese movimiento se señala con una marca negra o una flechita.

En varias páginas se hace hincapié en la adquisición de los conceptos de lateralidad (derecha e izquierda, arriba y abajo).

SUGERENCIAS E IDEAS PARA LA UTILIZACIÓN DEL CUADERNILLO.

- Antes de iniciar la actividad escrita se puede incorporar el movimiento del grafismo a ejercitar, en forma de juego, a partir del propio cuerpo: brazos, manos, dedo índice, pie. La idea es llevar el ejercicio del espacio al plano y viceversa.

- Complementar la actividad del libro con ejercicios libres (en el espacio, a través del modelado, etc.) o mediante el uso de distintos tipos de materiales (lana, pegamento vinílico de colores, fideos, lentejas, papel de lija, bolitas de papel crêpe, punzón, marcadores gruesos, crayones, plastilina, etc.) sobre planos verticales y horizontales de diferentes tamaños. Al trabajar con cualquiera de estos materiales texturados se puede volver a repetir el grafismo en forma táctil realizando el recorrido con el dedo índice en la dirección indicada.

- Escuchar música acorde a la actividad que se realiza. Jugar con el lápiz al ritmo de la música. En caso de tratarse de colegios, se puede recurrir al apoyo del profesor de música para que sugiera melodías apropiadas para los distintos movimientos.

- Utilizar en cada actividad marcador y/o lápiz negro o de color de punta bien fina, para lograr más precisión y prolijidad en el grafismo.

- Hacer hincapié en que los chicos tomen correctamente el lápiz, con los dedos que corresponde. Formar este hábito es fundamental en esta etapa.

- Una vez finalizada la actividad de cada página, repetir una y otra vez el ejercicio utilizando papel de calco con marcadores de colores diferentes en cada ocasión, y superponerlos para analizar las diferencias en los trazos. Este trabajo es especialmente recomendable si han habido dificultades para realizar la actividad.

- Todos los dibujos del libro pueden colorearse, lo cual también es un excelente ejercicio de motricidad fina y un incentivo para desarrollar la creatividad en el uso de los colores.

- Es conveniente respetar el orden de cada actividad, página por página, primero la de la izquierda y luego la de la derecha, como una forma de preparar al chico en el uso correcto del cuaderno.

- Cada página ha sido concebida con ejercitación suficiente como para realizar una por día. De esta manera se puede trabajar con el tiempo y el cuidado necesarios para que el aprendizaje sea realmente valioso.

- En hojas lisas se puede dibujar el grafismo en diferentes tamaños y pegar distintos materiales (porotos, lentejas, fideos, brillantina, lana, etc.) sobre las líneas, siempre siguiendo la dirección correcta.

PARA LOS MÁS CHIQUITOS QUE SE INICIAN EN LA LECTO-ESCRITURA:

Antes de comenzar cada actividad gráfica:

- Imaginar sonidos, olores, texturas, gustos relacionados a los dibujos.
- Observar detenidamente las ilustraciones y describirlas.
- Imitar los sonidos de animales, los ruidos, zumbidos, golpes.
- Observar y nombrar con buena dicción y pronunciación los elementos que aparecen en la hoja.
- Realizar con el cuerpo los movimientos indicados.
- Señalar la derecha y la izquierda todas la veces que resulte oportuno.
- Imitar los gestos de los personajes del cuadernillo.
- Inventar ritmos para los distintos grafismos.
- Reproducir cada grafismo: en el aire, en una pizarra, en hojas lisas.
- Descubrir en el entorno físico que los rodea, elementos u objetos similares al grafismo que se trabajará en el cuadernillo (en el aula, en el jardín, en el patio, en su habitación, en la cocina, en un cuadro, en tapas de libros ...).

EJEMPLOS DE ACTIVIDADES COMPLEMENTARIAS:

A continuación tomamos como ejemplo dos de las hojas del cuadernillo. Muchas de las propuestas pueden hacerse extensivas a otras páginas. Recomendamos en todos los casos enfatizar las nociones espaciales (arriba, abajo, izquierda, derecha, cerca, lejos, entre).

PÁGINA 8. *"Paseando por la selva"*

Observar la ilustración y explicar en voz alta lo que se ve.
Imaginar: - qué se siente (si hace frío o calor).
- qué sonidos se escuchan (el rugido del león, las hojas al moverse, el agua de un arroyito oculto...)
- qué se huele (las flores perfumadas, los animales, agua estancada, las jugosas frutas de los árboles...)
Imitar el sonido de los animales: tigre, elefante, mono, león, diferentes pájaros.
Imitar los movimientos de los diferentes animales que aparecen en el dibujo.
Caminar imitando el recorrido hacia adelante y hacia atrás.
Trazar en el piso los distintos caminos con tiza.
Jugar a realizar cada recorrido en el suelo:
- saltando con un pie, con el otro, en dos pies;
- como una tortuga;
- como un canguro;
- sin tocar los bordes, para adelante y para atrás;
- al ritmo de los toc-tocs;
- al compás de diferentes músicas, etc.
Inventar recorridos de líneas curvas abiertas:
- en el suelo;
- en una pizarra (con marcadores de colores o con tiza);
- en una hoja blanca lisa.

PÁGINA 59. *"¡Sssss, Sssss!..."*
Modelar en plastilina serpientes de distintos largos y en distintas posiciones.
Modelar imitando las serpientes de esta página.
Ordenar de mayor a menor y viceversa distintos largos de serpientes.
Imitar el sonido de las serpientes, el movimiento de su lengua, de sus ojos...
Acostarse en el suelo y realizar distintos movimientos y posiciones de las serpientes.
Calcar una serpiente.
Dibujar una de las serpientes en una hoja lisa. Pegar lana en la silueta y luego palitos simulando los anillos. Colorear con crayón.
Dibujar serpientes en el piso:
- recorrerlas por los bordes.
- saltar dentro del dibujo salteando uno o dos anillos.
- saltar cambiando de pies en cada salto.

ESTE LIBRO ES DE

Ben

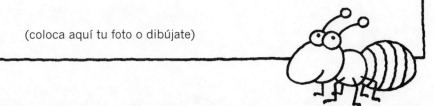

(coloca aquí tu foto o dibújate)

POCHOCLOS VOLADORES

- DIBUJA EL MOVIMIENTO DE CADA POCHOCLO AL SALTAR POR EL AIRE.
- COLOREA DE ROJO LAS LLAMAS DE LA HORNALLA.
- ¿QUÉ SE OYE? MARCA LA RESPUESTA MÁS ADECUADA. ☐ ¡PIM, PAM, PUM!
  ☐ ¡SSSS! ¡SSSS!
  ☐ ¡SAS!

GRAFIMANÍA 2

¡AL AGUA PATO!

- SEÑALA CON ROJO EL CAMINO DEL PIE DERECHO HASTA LLEGAR AL MAR.
- SEÑALA CON AZUL EL CAMINO DEL PIE IZQUIERDO.
- COLOREA EL JUGUETE QUE ESTÁ A LA IZQUIERDA DEL CANGREJO.
- COLOREA LOS PECES, CARACOLES Y ESTRELLAS QUE ENCUENTRES.

GRAFIMANÍA 2

INSECTOS TRAVIESOS

- AYUDA A LOS INSECTOS A LLEGAR A SU FLOR DELINEANDO CADA RECORRIDO CON UN COLOR DIFERENTE.
- COLOREA LA IMAGEN.

GRAFIMANÍA 2

EL BAILE DE LOS PECES

- REPASA CADA RECORRIDO DE IZQUIERDA A DERECHA CON TU DEDO ÍNDICE.
- TRAZA EL MOVIMIENTO DE LOS PECES BAILARINES CON UN LÁPIZ DE PUNTA FINA.

- DELINEA Y COMPLETA.

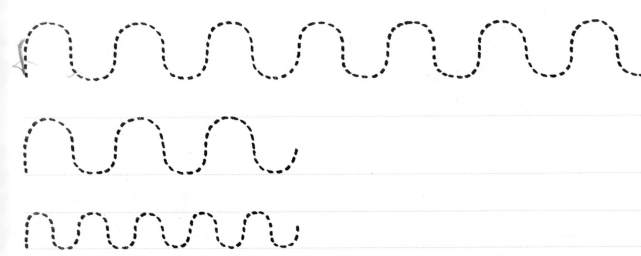

VIAJE AL FONDO DEL MAR

- SEÑALA CINCO CAMINOS DIFERENTES PARA QUE EL BUZO LLEGUE AL TESORO. UTILIZA DISTINTOS COLORES.
- LOS PECES SON MULTICOLORES. COLORÉALOS.

GRAFIMANÍA 2

¡DE VUELTA A CASA!

- DIBUJA LAS HUELLAS DE LAS DOS RUEDAS DELANTERAS DEL AUTO HASTA LLEGAR A LA CASA.
- MARCA CON UNA CRUZ (X) LOS ANIMALES QUE VERÁ EL SEÑOR EN SU RECORRIDO.
- COLOREA LA IMAGEN.

GRAFIMANÍA 2

¡FELICES PASCUAS!

- DELINEA LAS DECORACIONES QUE HICIERON LOS CONEJITOS.
- COLOREA CADA FRANJA CON UN COLOR DIFERENTE.
- DECORA EL MOÑO CON TROCITOS DE PAPEL.

GRAFIMANÍA 2

PASEANDO POR LA SELVA

- REPASA CON TU DEDO ÍNDICE CADA CAMINO.
- SEÑALA CON EL LÁPIZ LAS HUELLAS POR EL MEDIO DEL CAMINO.
- COLOREA EL ANIMAL QUE HIZO EL RECORRIDO MÁS SINUOSO.

Este material no puede ser reproducido sin previa autorización de KEL EDICIONES S.A.

GRAFIMANÍA 2

18

¡QUÉ ANIMALES TAN DISTRAÍDOS!

- UNE CADA ANIMAL CON SUS RESPECTIVAS PATAS.
- COLOREA LA PATA DERECHA DE CADA ANIMAL.

GRAFIMANÍA 2

¡LOS SAPITOS SALTARINES!

- REPASA CADA RECORRIDO CON TU DEDO ÍNDICE.
- TRAZA LOS SALTOS DE CADA SAPITO.

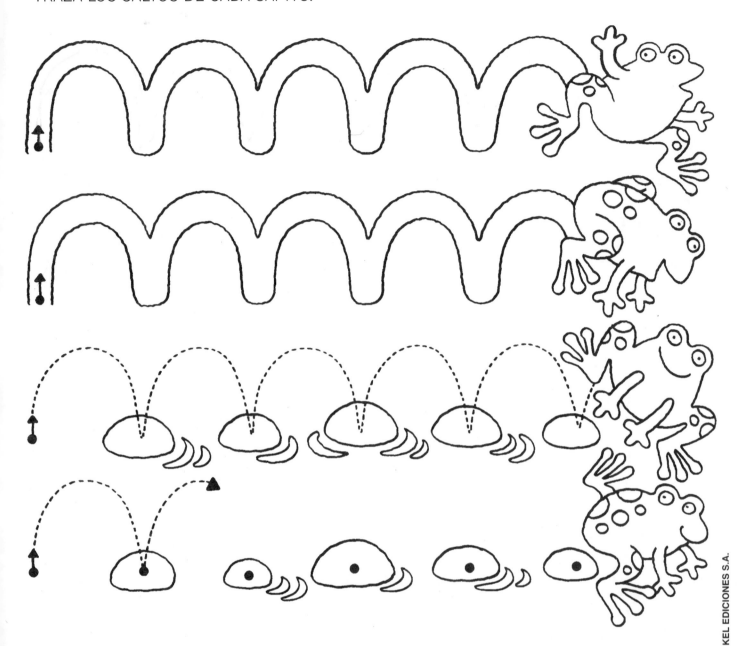

- DELINEA Y COMPLETA.

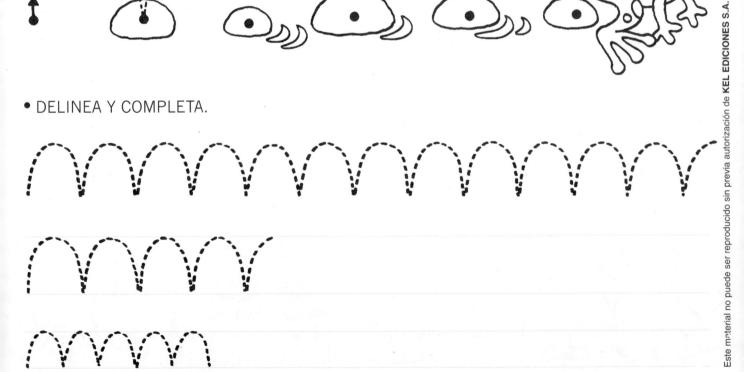

GRAFIMANÍA 2

¡A SALTAR SIN MOJARSE!

- TRAZA EL RECORRIDO DEL SAPO DE PIEDRA EN PIEDRA.
- DIBUJA MÁS PECECITOS.
- COLOREA LA IMAGEN.

GRAFIMANÍA 2

COLCHÓN DE NUBES

- DELINEA LAS NUBES.
- COLOREA LA IMAGEN.

GRAFIMANÍA 2

¡CHOCOLATE CALIENTE QUE QUEMA LOS DIENTES!

- RECORRE CON TU LÁPIZ EL HUMEANTE VAPOR.
- COLOREA LOS CUADRADOS DEL MANTEL EN FORMA ALTERNADA.
- COLOREA LA GUARDA DE LA TAZA.

GRAFIMANÍA 2

CARRERA CON OBSTÁCULOS

- REALIZA CADA RECORRIDO CON EL DEDO ÍNDICE.
- ¡AHORA CON EL LÁPIZ!
- COLOREA LOS TRANSPORTES.

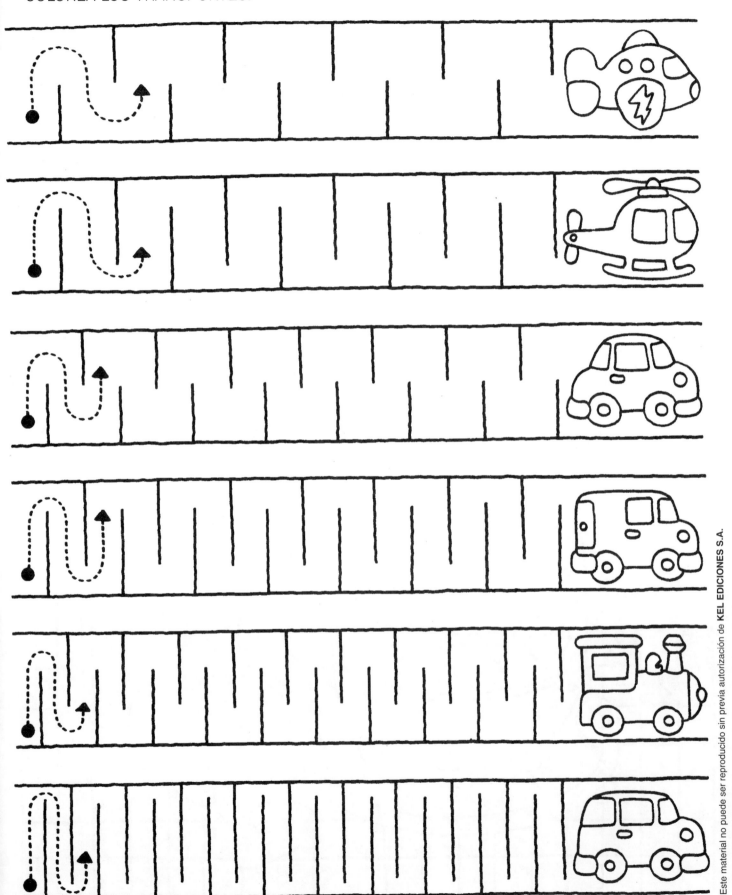

GRAFIMANÍA 2

CADA UNO CON SU SILUETA

- UNE CON UNA LÍNEA CADA TRANSPORTE CON SU SILUETA.
- COLOREA LOS TRANSPORTES QUE VAN POR TIERRA.

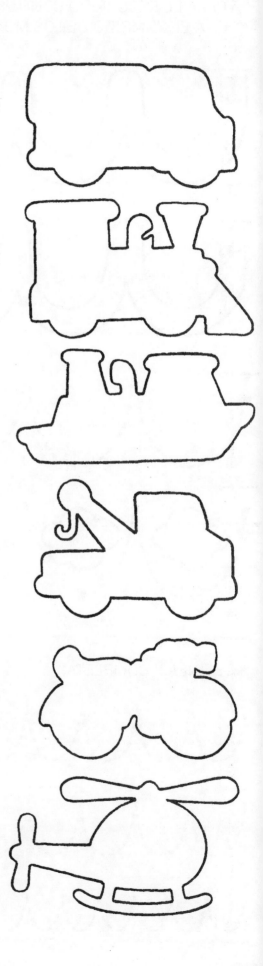

GRAFIMANÍA 2

MOSQUITOS MOLESTOS

- RECORRE CON TU DEDO ÍNDICE EL VUELO DE CADA MOSQUITO.
- TRAZA EL RECORRIDO CON TU LÁPIZ.
- IMITA EL ZUMBIDO DE LOS MOSQUITOS.

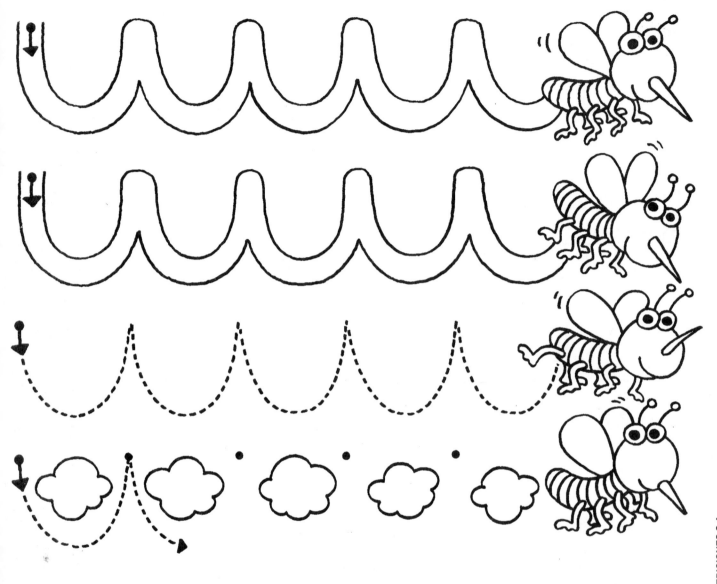

- DELINEA Y COMPLETA.

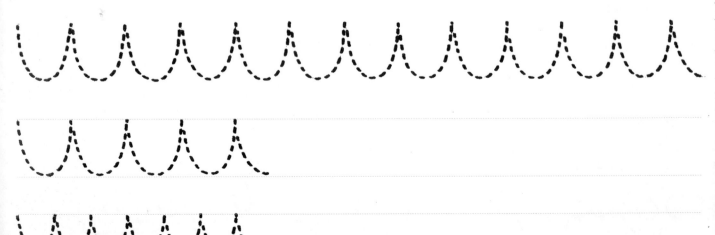

GRAFIMANÍA 2

UN PIRATA EN ALTA MAR

- DELINEA LAS OLAS DEL MAR.
- COLOREA EL PIRATA Y SU GALEÓN.

GRAFIMANÍA 2

¡BOMBERO, BOMBERO!

- SEÑALA CON EL LÁPIZ EL RECORRIDO DEL AGUA SIN TOCAR LOS BORDES DE LA MANGUERA.
- COLOREA.

GRAFIMANÍA 2

¿QUIÉN SE COMIÓ EL PESCADO?

- DELINEA LAS ESPINAS DE CADA UNO.
- COLOREA LAS ALETAS ALTERNANDO COLORES.

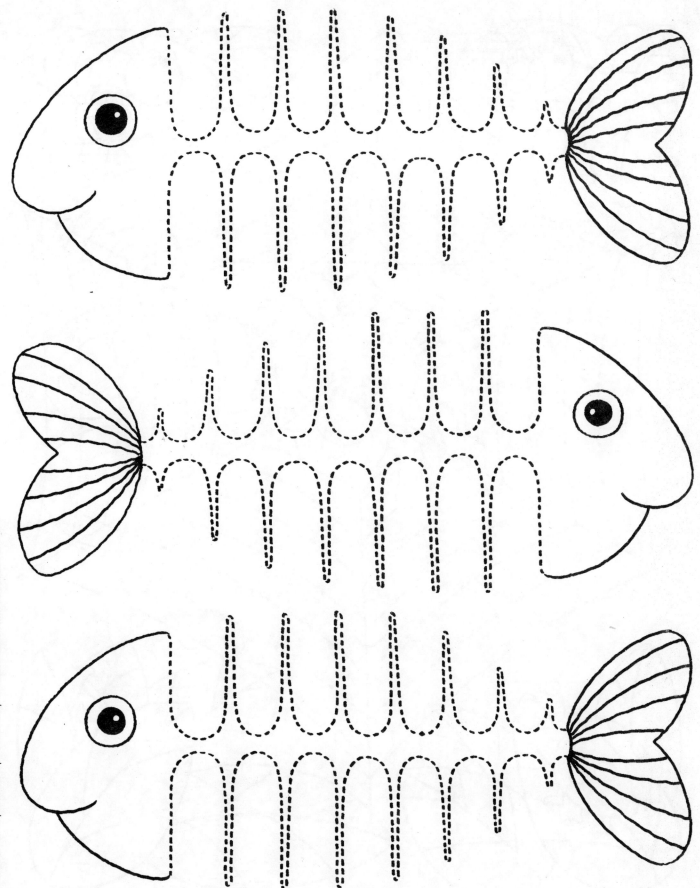

GRAFIMANÍA 2

DOŃA ARAÑA SALE A PASEAR

- DELINEA LA TELA DE ARAÑA.
- COLOREA LA IMAGEN.

GRAFIMANÍA 2

GUSANO BUSCA CASA

- EL GUSANO BUSCA DISTINTOS CAMINOS PARA LLEGAR A LA MANZANA. AYÚDALO SEÑALÁNDOLE CUATRO CAMINOS DIFERENTES.
- ES OTOÑO. COLOREA LAS HOJAS DE AMARILLO, NARANJA Y MARRÓN.

GRAFIMANÍA 2

CORTINAS PARA MAMÁ

- COMPLETA CON LÁPIZ EL DISEÑO DE LAS TELAS.
- ¿CUÁL ELEGIRÍAS? COLORÉALA.

GRAFIMANÍA 2

¡ROPA PARA DECORAR!

- DELINEA CADA PRENDA.
- INVENTA ESTAMPADOS PARA CADA UNA.

GRAFIMANÍA 2

ANIMALES MOVEDIZOS

- RECORRE CADA MOVIMIENTO CON TU DEDO ÍNDICE.
- SEÑALA CON TU LÁPIZ LOS RECORRIDOS, SIN TOCAR LOS BORDES.

GRAFIMANÍA 2

DE PIC-NIC

- DIBUJA EL CAMINO CORRECTO PARA LLEGAR AL PIC-NIC.
- COLOREA ESTE LINDO PAISAJE.

GRAFIMANÍA 2

¡RUMBO A OTRA GALAXIA!

- REALIZA CADA RECORRIDO CON TU DEDO ÍNDICE.
- TRAZA UNA LÍNEA SIGUIENDO EL CAMINO DE LAS NAVES.

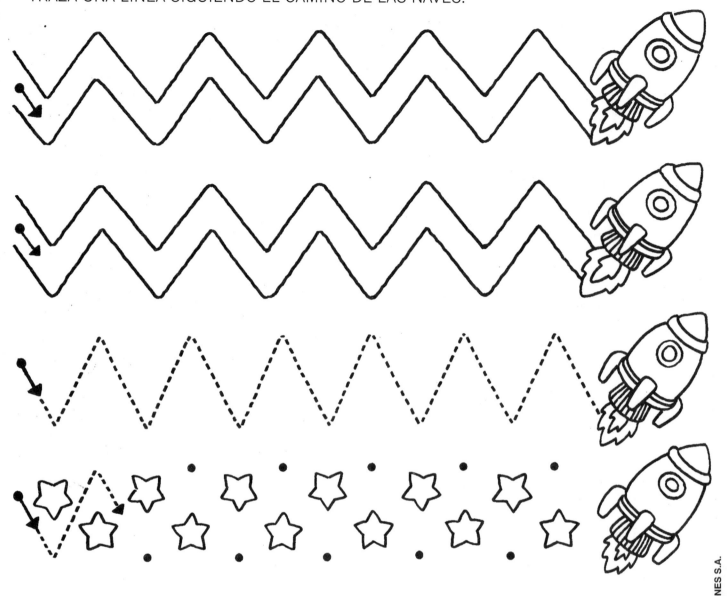

- DELINEA Y COMPLETA.

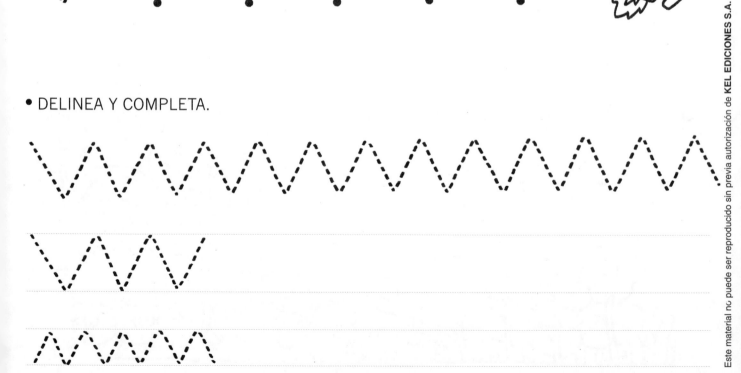

GRAFIMANÍA 2

UN VIAJE ESPACIAL

- SEÑALA UN RECORRIDO CORTO Y OTRO LARGO DE LA NAVE ESPACIAL HACIA LA LUNA.
- COLOREA TODOS LOS COMETAS QUE ENCUENTRES.

GRAFIMANÍA 2

¡A CAZAR INSECTOS!

• RECORRE EL CAMINO DE LOS DINOSAURIOS BEBÉS CON TU DEDO ÍNDICE.
• TRAZA EL RECORRIDO DE IDA Y VUELTA DE CADA DINOSAURIO SIN TOCAR LOS BORDES. UTILIZA DOS COLORES.

GRAFIMANÍA 2

DINOSAURIOS AMIGOS

- DELINEA LOS DINOSAURIOS Y EL PAISAJE.
- COLOREA LA IMAGEN.

GRAFIMANÍA2

¡A DORMIR!

- COMPLETA CADA PANTALÓN DEL PIJAMA CON EL ESTAMPADO QUE CORRESPONDE.
- COLOREA EL PIE IZQUIERDO DE CADA CHICO.
- COLOREA LA MANO DERECHA DE CADA UNO.

GRAFIMANÍA 2

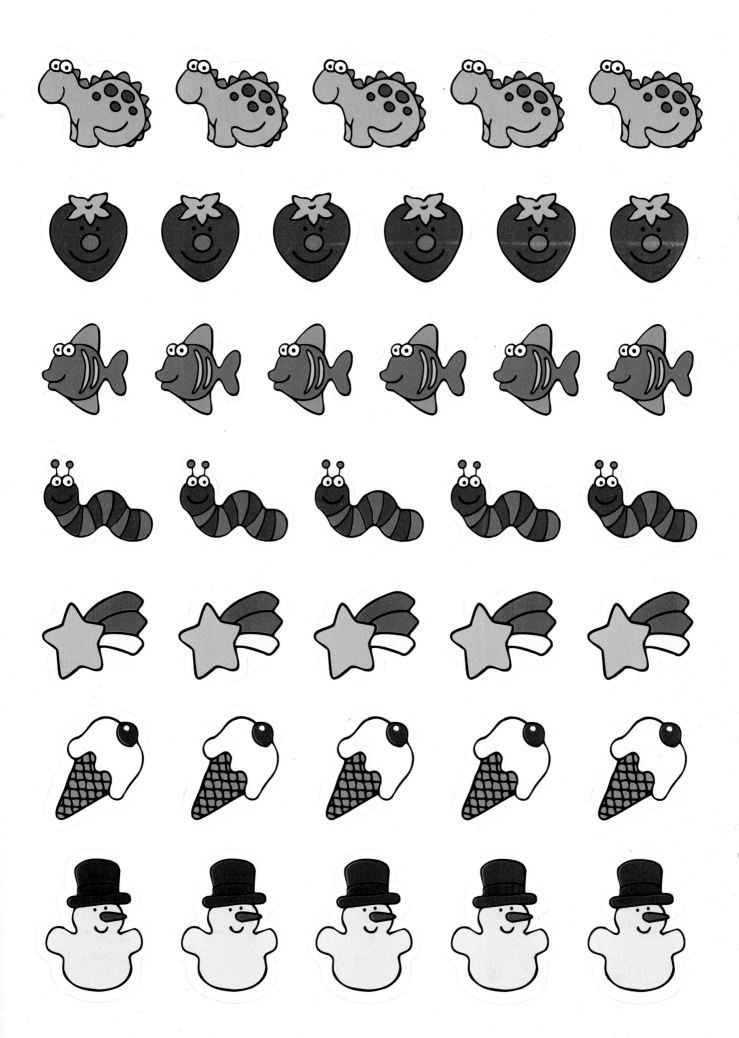

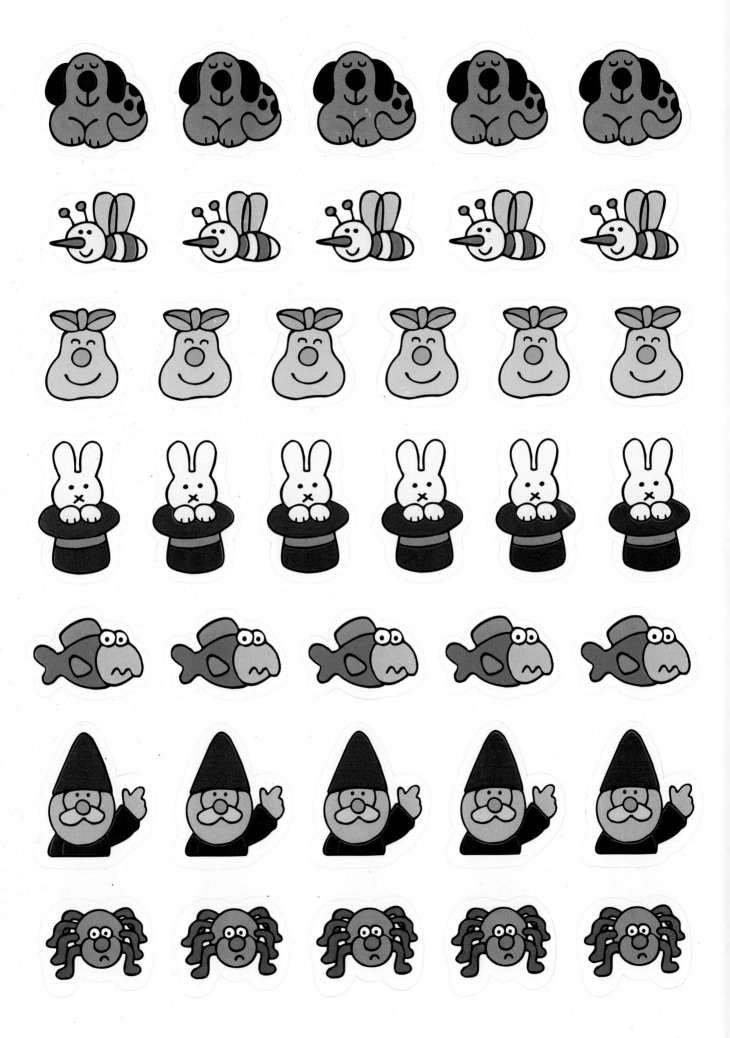

SILUETAS ESCONDIDAS.

• AYUDA A CADA CHICO A ENCONTRAR SU SILUETA DELINEANDO LOS CAMINOS CON DIFERENTES COLORES.
• COMPLETA CADA SILUETA COMO MÁS TE GUSTE.

GRAFIMANÍA 2

INSECTOS INQUIETOS

- RECORRE CON TU DEDO ÍNDICE EL CAMINO DE CADA INSECTO.
- TRAZA CON TU LÁPIZ CADA RECORRIDO.

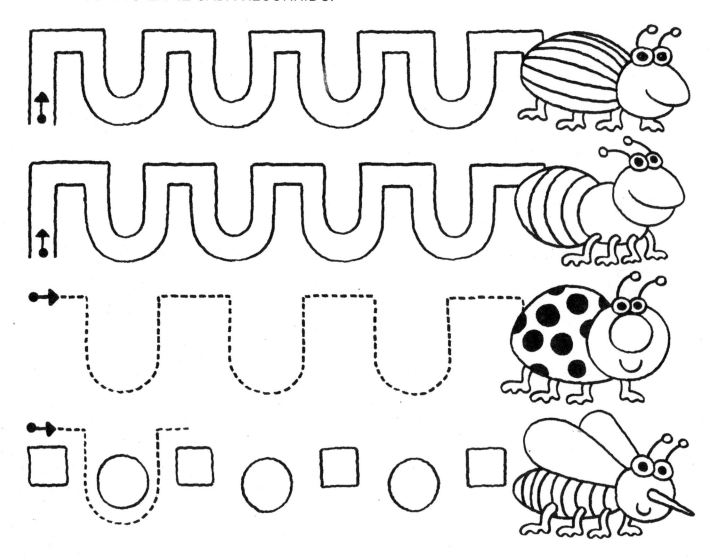

- DELINEA Y COMPLETA.

GRAFIMANÍA 2

SE MEZCLARON LOS ANIMALES

· PARA ENCONTRAR CADA ANIMAL OCULTO DELINEA SUS SILUETAS CON DISTINTOS COLORES.

· MARCA TANTOS CASILLEROS COMO ANIMALES ENCUENTRES.

GRAFIMANÍA 2

JUGANDO EN LA NIEVE
- DIBUJA LAS RAYAS DE CADA BUFANDA.
- COLORÉALAS ALTERNANDO LINDOS COLORES.
- DIBUJA MÁS COPOS DE NIEVE.

GRAFIMANÍA 2

UN BUEN LAVADO DE MEDIAS

- UNE CADA PAR DE MEDIAS CON UNA LÍNEA.
- COLOREA DE LA MISMA MANERA CADA PAR.
- COLOREA DE AMARILLO LA MEDIA QUE NO TIENE PAR.

GRAFIMANÍA 2

PERDIDO EN EL ESPACIO

- TRAZA CON LÁPIZ EL CAMINO DE VUELTA AL PLANETA.
- COLOREA LA NAVE ESPACIAL Y LAS ESTRELLAS.

GRAFIMANÍA 2

SOMBRAS CHINESCAS

- UNE CON UNA LÍNEA CADA PERSONAJE CON SUS SILUETAS CORRESPONDIENTES.
- DELINEA LAS SOMBRAS IGUALES CON UN MISMO COLOR.
- INVENTA CARAS PARA LAS SILUETAS.

GRAFIMANÍA2

GIRAN Y GIRAN

- RECORRE CON TU DEDO ÍNDICE LOS GIROS DE LOS TROMPOS.
- TRAZA LOS RECORRIDOS CON LÁPIZ.
- COLOREA LOS TROMPOS.

- DELINEA Y COMPLETA.

GRAFIMANÍA 2

FLOTANDO EN EL ESPACIO

- DELINEA EL RECORRIDO DEL CABLE DEL ASTRONAUTA HASTA LA NAVE.
- COLOREA LA IMAGEN.

GRAFIMANÍA 2

UN CONEJITO HAMBRIENTO

• AYUDA AL CONEJITO A LLEGAR AL CANASTO DE ZANAHORIAS MARCANDO EL CAMINO CORRECTO.

• COLOREA LAS ZANAHORIAS QUE ESTÁN AFUERA DEL CANASTO.

GRAFIMANÍA 2

¡PIEDRA LIBRE!

- DELINEA LOS CORDONES.
- INVENTA UN ESTAMPADO PARA LA ZAPATILLA.
- DIBUJA OTROS BICHITOS ESCONDIDOS.

GRAFIMANÍA 2

APARECEN Y DESAPARECEN...
- COMPLETA CADA ANIMALITO COMO EL MODELO.
- COLOREA LOS PERSONAJES.

GRAFIMANÍA 2

UNO PARA CADA UNO

- OBSERVA Y ELIGE UN JUGUETE PARA CADA CHICO.
- MARCA CON TU LÁPIZ EL CAMINO QUE LLEGUE A ÉL.
- COLOREA LOS DIBUJOS.

GRAFIMANÍA 2

PIRUETAS EN EL AIRE

- RECORRE CON TU DEDO ÍNDICE CADA PIRUETA DE LAS MARIPOSAS.
- TRAZA EL CAMINO CON LÁPIZ.

- DELINEA Y COMPLETA.

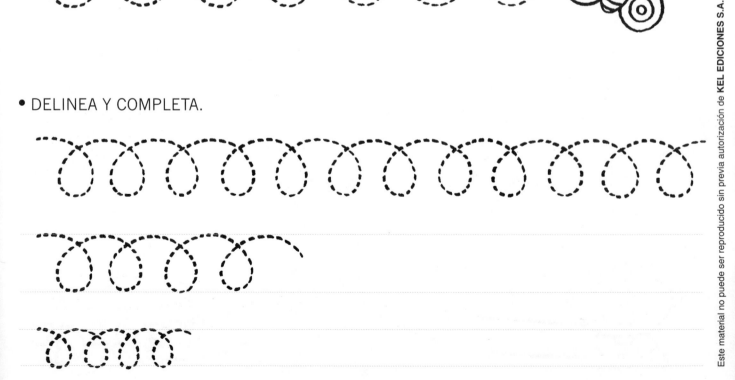

GRAFIMANÍA 2

FABRICANTES DE MIEL

- TRAZA EL CAMINO DE LA ABEJA DE FLOR EN FLOR HASTA LA COLMENA.
- COLOREA LOS BICHOS QUE ENCUENTRES.
- MARCA CON UNA CRUZ LA HORMIGA QUE ESTÁ DEBAJO DE LA COLMENA.

GRAFIMANÍA 2

¡VAMOS A REGAR!

- COMPLETA CON MUCHAS LÍNEAS EL AGUA QUE RIEGA LAS PLANTAS.
- TRAZA UNA LÍNEA AZUL QUE RECORRA LA MANGUERA DESDE LA CANILLA.
- BUSCA TODAS LAS HORMIGUITAS Y COLORÉALAS.

GRAFIMANÍA 2

¿SE VOLARON LOS GLOBOS?

- DELINEA CON UN COLOR DIFERENTE EL HILO DE CADA GLOBO.
- OBSERVA QUÉ GLOBO SE SOLTÓ DE SU DUEÑO Y COLORÉALO.
- DESCUBRE QUIÉN ES EL DUEÑO DEL GLOBO CON CARA DE PAYASO Y COLORÉALO.

GRAFIMANÍA 2

¡A MÍ ME GUSTA COMER...!

- RECORRE CON TU DEDO ÍNDICE CADA CAMINO.
- TRAZA EL CAMINO DE CADA ANIMAL PARA LLEGAR A SU COMIDA FAVORITA.

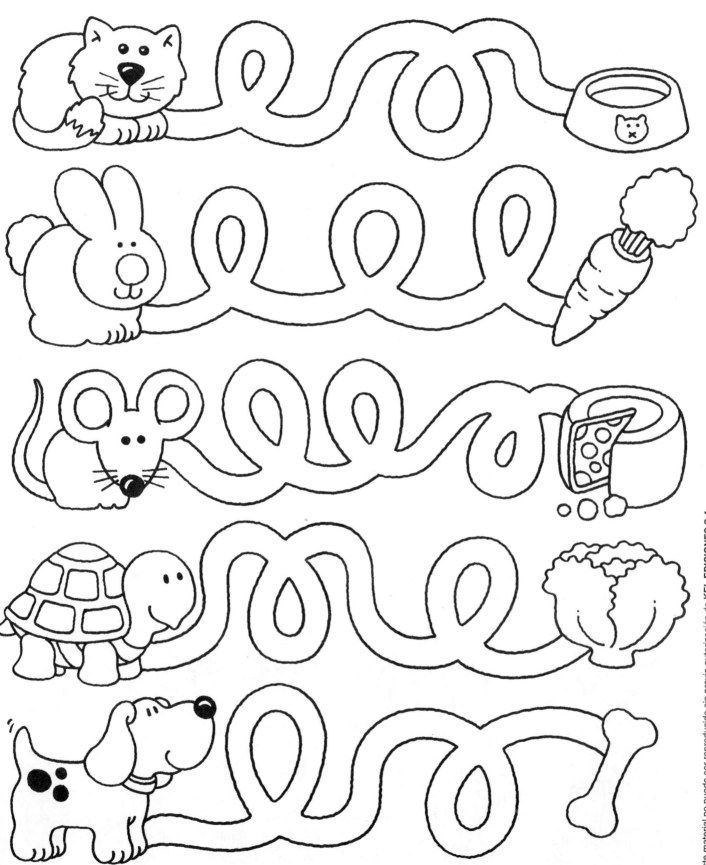

GRAFIMANÍA 2

¡SSSS! ¡SSSS!

- DIBUJA EL CUERPO DE CADA SERPIENTE.
- COLOREA ALTERNANDO LOS COLORES.

GRAFIMANÍA 2

¡PÁJAROS AVIADORES!

- REALIZA CADA RECORRIDO CON TU DEDO ÍNDICE.
- TRAZA CON LÁPIZ LOS MOVIMIENTOS DE CADA PÁJARO.

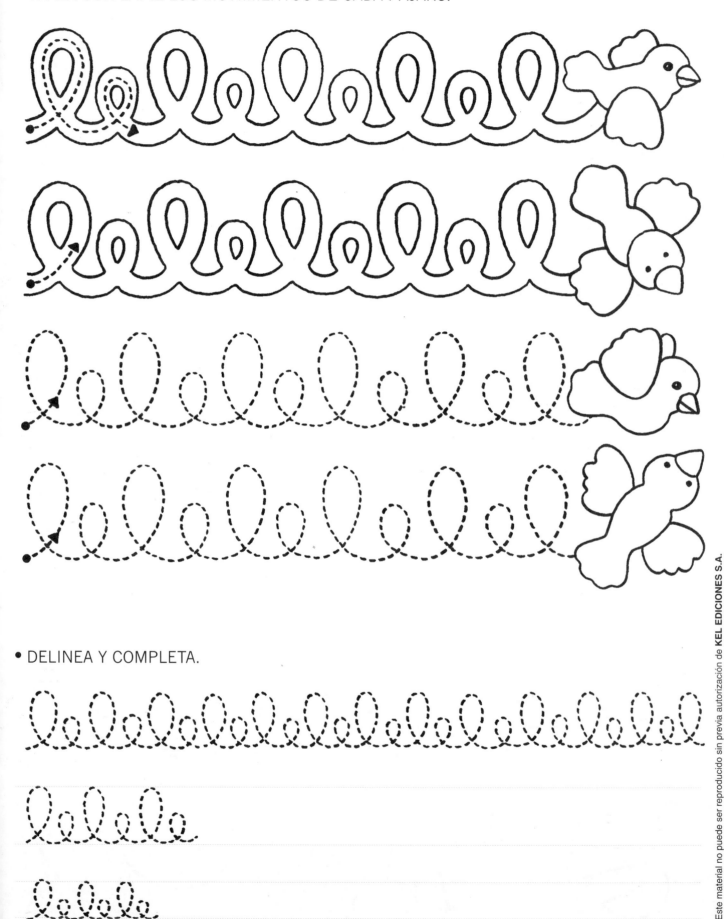

- DELINEA Y COMPLETA.

JUGUETES DE ARRASTRE

- DELINEA EL HILO DE CADA JUGUETE.
- COLOREA LOS BEBÉS Y SUS JUGUETITOS.

GRAFIMANÍA 2

A CADA MARINERO SU PIPA

• TRAZA CON TU LÁPIZ EL RECORRIDO DEL HUMO DE CADA PIPA SIN TOCAR LOS BORDES. UTILIZA TRES COLORES DIFERENTES.

• COLOREA LOS MARINEROS.

GRAFIMANÍA 2

LOS DUENDES AGUATEROS

- DELINEA LA SOGA DE CADA DUENDE CON UN COLOR DIFERENTE.
- COLOREA EL BALDE QUE NO TIENE DUEÑO.
- COLOREA EL DUENDE AL QUE SE LE COLÓ UN PESCADITO EN EL BALDE.

GRAFIMANÍA 2

LOS SOMBREROS VOLADORES

- RECORRE EL VUELO DE LOS SOMBREROS CON EL DEDO ÍNDICE.
- TRAZA CON LÁPIZ CADA RECORRIDO.

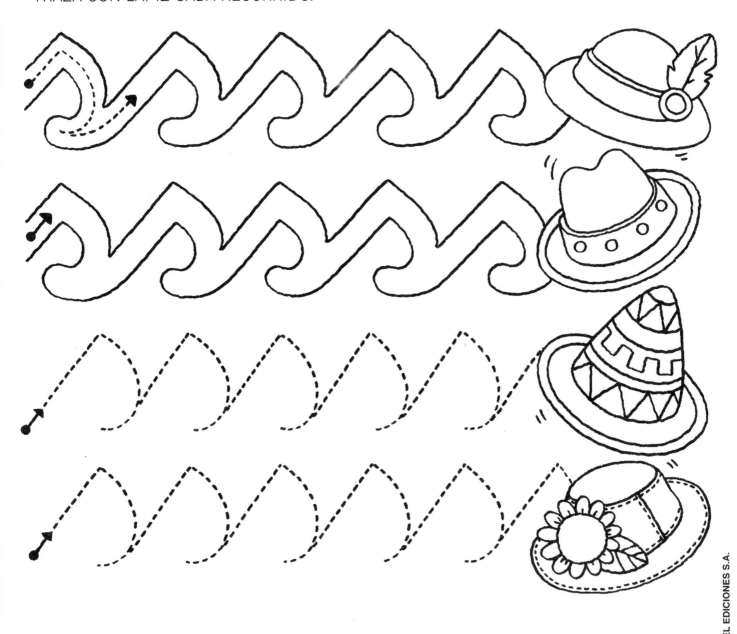

- DELINEA Y COMPLETA.

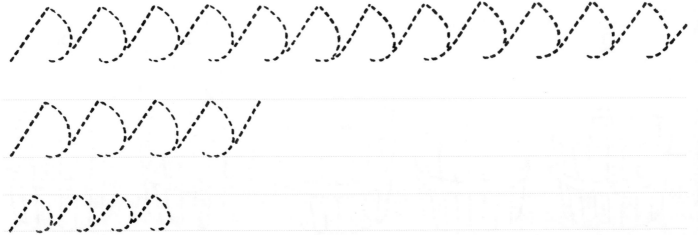

GRAFIMANÍA 2

¿QUÉ SOMBRERO QUEDARÁ MEJOR?

- DIBUJA UN SOMBRERO DIVERTIDO PARA CADA UNO.
- COLOREA LOS ROSTROS Y LOS SOMBREROS.

GRAFIMANÍA2

UN VIAJE FANTÁSTICO

- DELINEA CON DISTINTOS COLORES.
- LUEGO CONTINÚA LA DECORACIÓN DEL GLOBO.

GRAFIMANÍA 2

¿POR AQUÍ O POR ALLÁ?

- LA HORMIGUITA NO SABE POR DÓNDE LLEGAR AL HORMIGUERO. AYÚDALA MARCÁNDOLE EL CAMINO CORRECTO CON TU LÁPIZ.
- COLOREA EL HORMIGUERO.

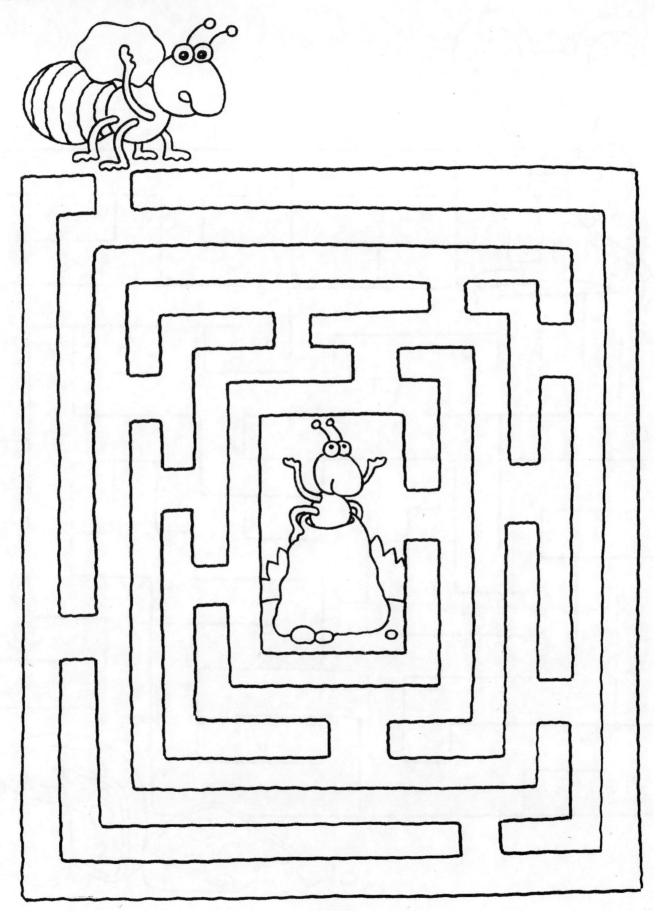

GRAFIMANÍA 2

¡NECESITO AYUDA!

- ¡POBRE RATONCITO! ESTÁ MAREADO Y NO PUEDE LLEGAR AL QUESO. ¿LO AYUDAS MARCÁNDOLE EL CAMINO?
- COLOREA LOS DIBUJOS.

GRAFIMANÍA 2

BAJO EL MAR...

- DELINEA Y COMPLETA LAS ESCAMAS DE CADA PEZ SEGÚN EL MODELO.
- COLOREA LAS BURBUJAS.

GRAFIMANÍA 2

LOS CAMINOS DEL CARACOL

- RECORRE CADA CAMINO VARIAS VECES CON TU DEDO ÍNDICE.
- TRAZA UNA LÍNEA SIGUIENDO TODO EL RECORRIDO.

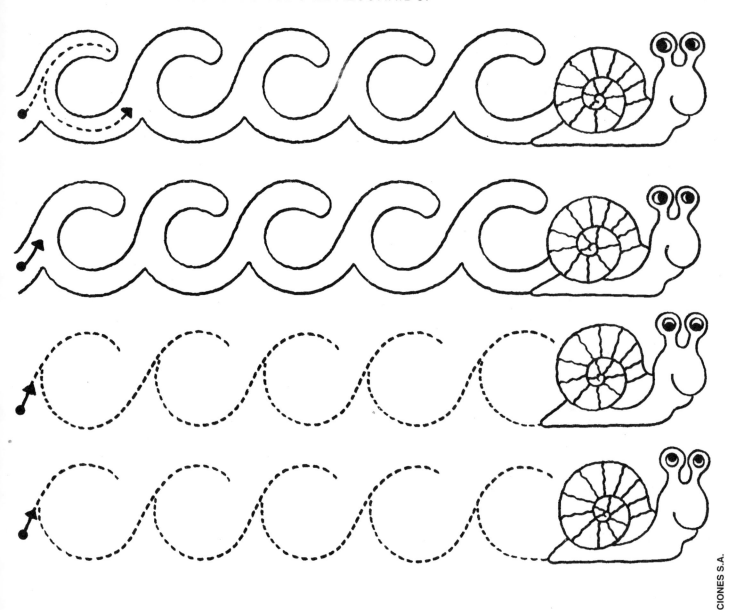

- DELINEA Y COMPLETA.

GRAFIMANÍA 2

GATOS TRAVIESOS

- DESCUBRE DE QUÉ CANASTO SALIÓ CADA OVILLO Y PINTA AMBOS DEL MISMO COLOR.
- COLOREA DE COLOR NARANJA LOS GATOS QUE ESTÁN SOBRE LOS OVILLOS.
- COLOREA DE COLOR GRIS LOS QUE ESTÁN DETRÁS DE LOS OVILLOS.

GRAFIMANÍA 2

¡LLEGÓ LA HORA DE COMER!

- SEÑALA CON ROJO EL CAMINO DEL GATO PARA LLEGAR A SU COMIDA.
- SEÑALA CON VERDE EL CAMINO DEL PERRO.
- COLOREA LOS DIBUJOS.

GRAFIMANÍA 2

ESPEJOS MÁGICOS

· DELINEA Y COMPLETA CADA ROSTRO.
· COLORÉALOS.

A CADA UNO SU CADA CUAL

- RELACIONA CADA PARTE CON EL DIBUJO COMPLETO.
- COLOREA: ARRIBA A LA DERECHA - ABAJO A LA DERECHA - EN EL CENTRO A LA IZQUIERDA.

GRAFIMANÍA 2

¡A DESCUBRIR ANIMALES!

- DELINEA CADA ANIMAL QUE DESCUBRAS CON UN COLOR DIFERENTE.
- COLOREA TANTOS CASILLEROS COMO ANIMALES ENCUENTRES.

GRAFIMANÍA 2

· DELINEA Y COMPLETA.

· DELINEA Y COMPLETA.

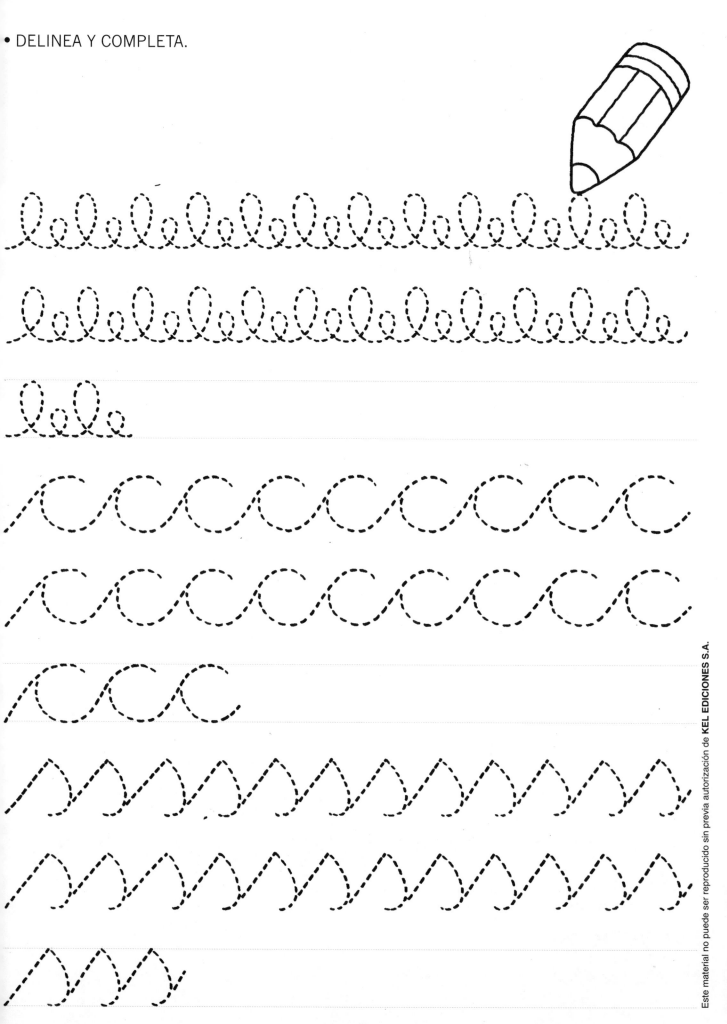

• DELINEA Y COMPLETA.

GRAFIMANÍA 2